CATALOGUE

DES

ESTAMPES, VIGNETTES

ET LIVRES

DU CABINET

DE FEU M. ALEX.-JOS. DESENNE,

DESSINATEUR ;

PAR DUCHESNE AÎNÉ.

La Vente aura lieu le 17 avril 1827 et jours suivans, six heures de relevée, HÔTEL BULLION, RUE J.-J. ROUSSEAU, n° 3, *Salle Mac-Carthy.*

Il y aura Exposition publique le lundi 16 avril et chacun des jours de la vente de midi à 3 heures.

Les Adjudications seront faites par le ministère de Me MORILLON, Commissaire-Priseur, rue des Bons-Enfans, n° 21.

PARIS,
J.-S. MERLIN, LIBRAIRE, QUAI DES AUGUSTINS, N° 7.
1827.

AVIS.

La Collection d'Estampes dont nous offrons le Catalogue au Public ne présentera pas, sans doute, une réunion propre à faire connaître l'Histoire de la Gravure; elle n'offre même qu'une faible partie des plus belles productions des Graveurs modernes, mais elle est très-curieuse pour l'une des branches de cet art. En effet, il serait difficile de trouver un plus grand nombre de Vignettes, des épreuves d'un plus beau choix et d'une plus parfaite conservation. A très-peu d'exception près, les vignettes de la Collection formée par M. Desenne sont toutes avant la lettre et avec toute marge; la plupart sont sur papier de Chine; aussi les amateurs d'estampes et de livres trouveraient difficilement une semblable occasion pour enrichir leur portefeuille ou contribuer à l'ornement de leur bibliothèque. Ces motifs nous ont souvent déterminés à diviser des articles, dont la réunion, aurait offert quelque inconvénient aux acquéreurs s'ils avaient été plus volumineux.

ORDRE DES VACATIONS.

Ire. Mardi nos 1 à 17, 241 à 249.
IIe. Mercredi nos 78 à 105, 137 à 150, 238 à 221 et 250.
IIIe. Jeudi nos 106 à 136, 151 à 187, 222 à 240 et 251.
IVe Vendredi, Livres, nos 1 à 113.

NOTICE BIOGRAPHIQUE

SUR

ALEX.-JOS. DESENNE.

L'HISTOIRE, en nous transmettant les noms des artistes qui ont été célèbres, ne nous fait ordinairement connaître que les peintres qui ont laissé des tableaux, et elle s'occupe peu de ceux qui se sont contentés du titre modeste de dessinateurs de vignettes. Cependant, s'il est vrai qu'il y ait plus de difficultés pour bien faire un tableau que pour faire un dessein, on ne peut se dissimuler qu'il faut une fécondité étonnante pour varier ses compositions à l'infini, un génie extraordinaire pour remplir si promptement un cadre dont le sujet est donné, une imagination bien active pour se plier si facilement à rendre, presque au même instant, une scène comique ou un sujet héroïque, une scène grotesque, ou bien un sujet lugubre. Dans tous les cas, le dessinateur doit toujours être d'accord, et s'identifier en quelque sorte avec la manière de penser de l'auteur du texte que ses vignettes doivent accompagner.

Au milieu du siècle dernier, Eisen et Gravelot étaient les

dessinateurs en vogue; cependant, malgré la grande réputation dont ils ont joui parmi leurs contemporains, malgré l'immense quantité de vignettes qu'ils ont dessinées, ils ne sont pas maintenant en grand honneur. Cochin leur succéda et ne fut pas plus heureux : il est vrai que le mauvais goût de dessin qui régnait alors empêche de rechercher maintenant les gravures faites à cette époque.

On a vu depuis Moreau jeune, qui, ayant reçu d'abord les fâcheuses impressions de l'école de Boucher, put cependant, dans un âge déjà avancé, revenir dans une meilleure voie, et donna un si grand essor au genre de la vignette en sachant l'améliorer; cherchant aussi à acquérir les qualités qui distinguent l'école de David, tant sous le rapport de la pureté du dessin, que sous celui de l'exactitude du costume, et des accessoires. La mort de cet habile compositeur en 1814 laissait un vide qu'on pouvait croire difficile à remplir, quand parut tout d'un coup un jeune artiste dont la modestie égalait le talent.

Alexandre-Joseph DESENNE, né à Paris le 1er janvier 1785, avait reçu une éducation soignée et telle qu'il devait naturellement la trouver chez son père, l'un des libraires de cette capitale. Malade dès son bas âge, il fut long-tems privé de prendre part aux jeux ordinaires à l'enfance. Pour l'en dédommager, son père lui donnait souvent à feuilleter des livres à figures, et c'est peut-être la nécessité de se livrer à une aussi douce distraction, qui mit Desenne dans le cas de suivre la carrière dans laquelle il s'est distingué si éminemment.

C'est donc en cherchant à imiter les estampes qu'il voyait, que le jeune Desenne commença à montrer son goût pour le dessin. N'ayant encore reçu le secours d'aucun maîtres, ses progrès étaient déjà assez marqués pour engager ses parens à lui laisser parcourir une carrière pour laquelle il montrait tant de goût.

Desenne profita avec empressement de l'amélioration de sa santé pour suivre les études de l'Académie de peinture; il fit aussi des études au Musée, dont l'accès si facile est certainement une des principales causes de la prééminence de l'école française sur toutes celles des autres pays. Bientôt il fut chargé de faire des dessins pour les deux collections publiées, l'une par Robillard et l'autre par Filhol; mais, jusqu'à l'âge de vingt-cinq ans, Desenne s'était toujours contenté d'être copiste, et on ne connaissait pas encore le talent dont par la suite il donna des preuves si nombreuses.

Cependant, cherchant à surmonter la modestie qui le caractérisait Desenne fit, en 1812, quelques essais où l'on remarqua une grande facilité, et bientôt il montra qu'il était appelé à recueillir l'héritage que Moreau laissait vacant. Personne mieux que lui, ainsi que l'a déjà dit M. Mahérault, « n'a su concevoir un sujet, le disposer, en saisir le style propre, varier ses groupes, donner du mouvement, de l'expression à ses figures, les ajuster, indiquer, par des accessoires, les lieux, les époques, la condition de ses personnages, s'identifier enfin avec l'auteur auquel il consacre ses crayons. »

On trouvera dans ce Catalogue un grand nombre de vignettes qui démontreront la flexibilité du talent de leur auteur, et on peut dire avec vérité qu'il a contribué aux succès de plusieurs éditions nouvelles de Boileau, de Molière, et d'autres auteurs anciens. Chacun a pu voir et apprécier l'agrément qui se remarque dans les jolies vignettes dont sont ornées les Œuvres de M. de Jouy, dans celles des Œuvres de Florian, publiées par M. Renouard, et surtout dans la nouvelle collection de 80 vignettes, destinées à orner les différentes éditions de Voltaire. Desenne avait dans ce travail une difficulté de plus à surmonter, parce que ses compositions devaient se trouver en comparaison avec celles de Moreau, et qu'il était obligé de chercher dans le poëte d'autres sujets que ceux qui déjà avaient été représentés.

Desenne fut chargé de faire aussi les vignettes pour les Œuvres de Walter Scott; il sentit que, pour décorer convenablement cet auteur original, il fallait en quelque sorte changer son talent, et sacrifier un peu à la mode, en imitant la manière anglaise; mais il le fit en homme habile. Donnant à ses dessins un effet plus piquant, il conserva cependant la pureté de la forme, ainsi que la grâce dans la composition.

De mœurs douces et d'un esprit liant, Desenne vivait heureux dans le sein de sa famille; mais, ayant ressenti les atteintes d'une maladie de foie, après une année d'inquiétude, et quand il se croyait hors de danger, il fut enlevé presque subitement le 30 janvier 1827.

FIN DE LA NOTICE.

PREMIÈRE PARTIE.

LIVRES.

1. Le Nouveau-Testament, trad. par Sacy. *Paris, Saugrain*, 1791 à 1801, in-8, fig., 5 vol., br. en carton. (Les Actes des Apôtres sont en papier Jésus.)
2. Imitation de Jésus-Christ, trad. par Beauzée. *Paris, Barbou*, 1788, in-12, fig., v. m., fil., tr. dor.
3. Lettres à Sophie sur la Physique et la Chimie, par M. Aimé Martin. *Paris*, 1822, 4 vol. gr. in-18, br.
4. Harmonies de la Nature, par Bernardin de Saint-Pierre. *Paris*, 1815, 3 vol. in-8, br.
5. Histoire Naturelle par Buffon. *Paris, Déterville*, 1802 et suiv., tom. 1-26, in-18, fig., br. en carton.
6. De la Richesse minérale, par M. Héron de Villefosse. *Paris*, 1819, 3 vol. in-4, pap. vél. et atlas, cartonn. à la Bradel.
7. Traité de perspective, par Lavit. *Paris*, 1804, in-4, fig., br. Tom. 1er.

7 *bis*. Élémens de perspective pratique, à l'usage des Artistes, par Valenciennes. *Paris, Payen*, 1820, in-4, fig., br.

8. Manuel des Artistes et des Amateurs. *Paris*, 1770, 4 vol. in-12, v. m.
9. Traduction des 3, 4, 5 et 6e livres de Pline l'Ancien, avec des notes par Ét. Falconnet. *La Haye*, 1773, 2 vol. in-8, bas. rac.
10. Élémens d'Anatomie, à l'usage des peintres, des sculpteurs, etc., par Sue, 1re partie. *Paris*, 1788, in-4, fig., br. en carton.
11. Essai sur les Beaux-Arts et particulièrement sur le salon de 1817, par M. Miel. *Paris*, 1818, in-8, fig., cart. à la Bradel. — Lettres à David sur le salon de 1819, par quelques élèves de son école. *Paris*, 1819, in-8, fig. au trait, cart. à la Bradel.

12. Annales du Musée et de l'École moderne des Beaux-Arts, par Landon. *Paris*, 1801 à 1808, 16 vol.; Collection complémentaire, 1809, 1 vol.; deuxième collection ancienne, 1810, 4 vol.; Galerie Giustiniani, 1812, 1 vol.; Galerie Massias 1815, 1 vol.; Salons de 1808 à 1819, 9 vol.; Paysages 1805, 4 vol.; en tout 36 vol. in-8, fig. au trait, cart. à la Bradel.
13. La Fable de Psyché, figures de Raphaël. *Paris*, 1802, gr. in-4, br. en carton.
14. Figures pour l'Histoire de France, par Moreau jeune, avec le texte, par Garnier. *Paris, Renouard*, in-4, cart. à la Bradel.
15. Compositions from the Hell, Purgatory and Paradise of Dante, by Flaxman, engraved by Piroli, 1793. (*Published*) *London, for Longman*, 1807, in-fol. obl., fig., cart.
16. Recueil de Gravures au trait, à l'eau-forte et ombrées, par Lebrun. *Paris*, 1809, 2 vol. in-8, cart. à la Bradel.
17. Galerie de Saint-Bruno, peinte par Le Sueur, dessinée et gravée par Villerey. *Paris*, 1816, gr. in-8, cart.
18. Galeria nel pallazzo Farnese, dipinta da Ann. Carrachi, intagliata da Carlo Cesio. *Roma*, 1657, gr. in-fol., fig., v. éc. fil.
19. Description des Fêtes données par la ville de Paris à l'occasion du mariage de madame Élisabeth et de don Philippe, infant d'Espagne. *Paris*, 1740, in-fol. max., fig., mar. rouge, fil., tr. dor.
20. The Seats of the nobility and gentry, in a collection of the most interesting and picturesque views engraved by Watts, with descriptions. *Chelsea*, 1779, in-4 obl., br. en carton.
21. Picturesque views of principal seats of the nobility and gentry in England and Wales, by the most eminent british artists, with a description. *London, Harrison*, in-4, obl., d. rel.
22. Li Bassirilievi antichi di Roma, incisi da T. Piroli, colle illustrazioni di G. Zoega, publ. da Piranesi. *Roma*, 1808, 2 vol. pet. in-fol., cart. à la Bradel.
23. Musée de Sculpture ancienne et moderne, par M. de Clarac, 1826, in-8, et fig. in-4, *première livraison*.
24. De l'Universalité de la Langue française, par Rivarol. *Paris*, 1784, in-8, bas. rac. — Nouveau Dictionnaire universel des Synonymes de la langue française, par M. Guizot. *Paris*, 1809, in-8, bas.

25. Dictionnaire Anglais et Français, par Boyer. *Amsterdam*, 1776, 2 vol. in-4, bas.
26. Virgilius Maro. *Londini, Dulau*, 1800, 2 vol. gr. in-8, fig., br. en cart.
27. Œuvres d'Horace, traduites par MM. Campen Després. *Paris*, 1821, 2 vol. in-8, br.
28. Élégies de Properce, traduites par de Longchamps. *Paris*, 1772, in-8, v. éc., fil., tr. dor.
29. Satires de Juvénal, trad. par Dusaulx. *Paris*, 1821, 2 vol. in-8, pap. vél., br.
30. Cours de littérature, par La Harpe. *Paris*, *Agasse*, an 7, 16 vol. in-8, bas.
31. Cours de littérature, par M. Lemercier. *Paris*, 1817, 4 vol. in-8, br.
32. Collection des Classiques français, en un seul vol. in-8. *Paris*, *Roux-Dufort*, 1826, pap. coquille vél. superf. (Les 28 premières livraisons.)
33. Collection des Poëtes français du dix-neuvième siècle. *Paris*, *Gosselin*, 1822, 11 vol. in-18, br.
34. Poésies de Malherbe, avec les observations de Ménage. *Paris*, *Jolly*, 1666, in-8, v. f., tr. dor.
35. Œuvres de Gilbert. *Paris*, 1823, in-8, gr. pap. vélin, fig. avant la lettre, br.
36. L'Art d'aimer, par Bernard. *Paris*, an 8, in-8, fig., pap. vél. cart. à la Bradel.
37. Œuvres de Bernard. *Paris*, *Janet et Cotelle*, 1823, in-8, fig. br.
38. Les Mois, poëme, par Roucher. *Paris*, 1779, 2 vol. in-4, fig, v. rac.
39. Œuvres de J. Delille. *Paris*, *Michaud*, 1824, 16 vol. gr. in-8, pap. vél., fig., br. en carton.
40. Œuvres de Le Brun. *Paris*, 1811, 4 vol. in-8, bas.
41. Œuvres choisies de Parny. *Paris*, 1826, in-8, pap. vélin, br.
42. Mérite des Femmes, par Legouvé. *Paris*, *Janet*, 1825, in-18, br. — Traduction de l'Essai sur l'Homme de Pope, en vers français, par Fontanes. *Paris*, 1821, gr. in-8, br.
43. De M. de la Martine: Méditations poétiques. *Paris*, 1825, gr. in-18, fig., br. — Nouvelles Méditations. *Paris*, 1824, gr. in-18, pap. vélin, br. — Le Dernier Chant du Pèlerinage d'Harold. *Paris*, 1825, in-8, br.
44. Œuvres poétiques de madame Dufresnoy, publiées par M. Jay. *Paris*, 1827, in-8, fig, br.

45. Répertoire du Théâtre-Français. *Paris*, 1813, 51 vol. in-12, v. porph., fil.
46. Œuvres de Racine, avec les commentaires de Geoffroy. *Paris*, 1808, 7 vol. in-8, fig., v. rac., fil.
47. Œuvres de Racine, avec les notes de M. Aimé-Martin. *Paris*, *Lefèvre*, 1820, 7 vol. in-8, fig., br.
48. Œuvres de Racine. *Paris*, 1825, 1 seul vol. in-18, pap. vél., br.
49. Œuvres de Molière, avec notes de tous les commentateurs, publ. par M. Aimé-Martin. *Paris*, 1824, 8 vol. in-8, pap. vélin, fig., br. — Histoire de la vie de Molière, par Taschereau. *Paris*, 1825, in-8, br.
50. Œuvres de Regnard. 1821, 6 vol. in-12, pap. vél., fig. br.
51. Théâtre de Voltaire, édit. stéréot. *Paris*, 1801, 12 vol. in-12, pap. vélin, demi-rel., dos de mar. r.
52. Œuvres de Ducis. *Paris*, 1813, 3 vol. in-8, fig., demi-rel., dos de mar. vert, fil.
53. Aminta del Tasso. *Parigi*, *Nepveu*, 1813, in-12, pap. vél., fig. avant la lettre, br. en carton.
54. La Lusiade du Camoëns, trad. par Duperron de Castéra. *Paris*, 1768, 3 vol. in-12, bas.
55. Paradise lost, by Milton. *London*, 1819, 2 vol. in-12, fig. d'après Westall, br. en carton.
56. Œuvres de Rabelais. *Paris*, *Desoer*, 1820, 3 tomes en 2 vol. in-18, mar. vert, dent., tr. dor.
57. Œuvres de Boileau. *Paris*, 1820, 3 vol. in-8, br.
58. Œuvres de Boileau, avec un commentaire, par M. Amar. *Paris*, *Lefèvre*, 1821, 3 vol. in-8, gr. pap. vél., fig. avant la lettre, br.
59. Œuvres de J.-J. Rousseau. *Paris*, *Lefèvre*, 1819, 22 vol. in-8, gr. pap. vél., fig. avant la lettre, br.
60. Œuvres de Florian. *Paris*, *Renouard*, 1820, 16 vol. in-12, br., fig. de Desenne.
61. Œuvres complètes de Bernardin de Saint-Pierre. *Paris*, 1818, 12 vol. in-8, fig., br.
62. Œuvres de M. de Châteaubriand. *Paris*, 1826; les 6 premières livraisons en 12 vol. in-8, br.
63. Dictionnaire de la Fable, par M. Noël. *Paris*, 1801, 2 vol. in-8, bas.
64. Bibliothèque d'Apollodore, trad. avec le texte et des notes, par Clavier. *Paris*, 1805, 2 vol. in-8, bas.
65. Les Mille et Une Nuits, trad. par Galland, et publ. par E. Gaultier. *Paris*, 1822, 7 vol. in-8, fig., br.

66. Les Métamorphoses, ou l'Ane d'or d'Apulée, (trad. par de Montlyard.) *Paris*, *Thiboust*, 1623, in-8, fig. de Michel Lasne, v. m., fil.
67. Contes de La Fontaine. *Paris*, *Didot*, 1795, 2 vol. in-12, papier vélin, fig. avant la lettre, cartonnés à la Bradel.
68. Histoire de Gil-Blas de Santillane, par Lesage, avec des notes historiques, par M. François de Neufchâteau. *Paris*, *Lefèvre*, 1820, 3 vol. in-8, gr. pap. vél., fig. avant la lettre, br.
69. Œuvres de mesdames de La Fayette et Tencin. *Paris*, 1786, 7 vol. pet. in-12. v. m.
70. Les Martyrs, par M. de Châteaubriand. *Paris*, 1809, 2 vol. in-8, rel. en carton.
71. De M. de Jouy : l'Hermite de la Chaussée-d'Antin, 1814, 5 vol. ; le Franc Parleur, 1815, 2 vol.; l'Hermite de la Guyane, 1816; 3 vol. ; l'Hermite en province, 1818—1826, 11 vol.; le Bon Homme, 1818, 1 vol. ; l'Hermite de Londres, 1820, 3 vol.; l'Hermite en Italie, 1824, 4 vol. ; en tout 29 vol. in-8, fig., br.
72. L'Ecrivain public, ou Observations sur les mœurs et usages du peuple, par madame Sophie D. *Paris*, 1826, 3 vol. in-12, fig., br.
73. Curiosités de la littérature, trad. de l'angl. par Bertin. *Paris*, 1809, 2 vol. in-8, bas. rac.
74. History of Tom Jones, by Fielding. *London*, 1809, 2 vol. in-16, v. ant., dent., tr. dor.
75. The live and opinions of Tristram Shandy, by Stern. *London*, 1777, 6 vol. in-12, v. j.
76. Peregrine Pickle. *London*, 1815, 2 vol. in-18, fig., br. en carton.
77. Œuvres de Walter Scott, trad. de l'angl. *Paris*, 80 vol. in-12, br.
78. De Cooper : les Pionicrs, le Pilote, l'Espion, trad. de l'angl. *Paris*, 1823 à 1825, 11 vol. in-12, br.
79. Lettres de mademoiselle de l'Espinasse. *Paris*, 1815, 2 vol. in-12, bas. éc.
80. Abrégé de géographie, par Lallemand. *Paris*, 1821, in-8, fig., cart. à la Bradel.
81. Voyage autour du Monde, par Vancouver, trad. de l'anglais. *Paris*, an 8, 3 vol. in-4, papier vélin, et atlas cartonné.
82. Voyage dans le Levant, par M. le comte de Forbin.

Paris, *Imp. Roy.*, grand in-fol., fig., cuir de Russie, large dent., d. de tabis, tr. dor., et dans un carton.

83. Voyage de Horneman dans l'Afrique septentrionale, trad. de l'angl., avec notes, par Langlès. *Paris*, 1803, 2 vol. in-8, bas. rac.

84. Voyage aux terres australes, par F. Péron. *Paris, I. R.*, 1807, 2 vol. et atlas in-4, cartonnés. — Suite, (navigation et géographie), par M. de Freycinet, 1 vol. de texte, br., et atlas gr. in-fol., cartonné.

85. Voyage du jeune Anacharsis en Grèce, par Barthélemy. *Paris, Didot jeune*, 1802, 7 vol. in-18, v. rac. r., fil.

86. Vies des Pères et des Martyrs, trad. de l'angl. de Butler, par Godescard. *Paris*, 1783, 12 vol. in-8, bas.

87. Histoire du clergé séculier et régulier, tirée de Bonanni, d'Hermann, etc. *Amst.*, 1725, 4 vol. pet. in-8, fig., br.

88. Histoire de la décadence de l'empire romain, par Gibbon, trad. de l'angl. par M. Guizot. *Paris*, 1812, 13 vol. in-8, bas. rac., fil.

89. Ritratti di Roma antica e di Roma moderna. *Roma, Rossi*, in-8, fig., 2 vol., v. br.

90. Mémoires de Martin et Guillaume Dubellai-Langei, publ. par Lambert. *Paris*, 1753, 7 vol. pet. in-8, v. m.

91. Dernières années du règne de Louis XVI, par Hue. *Paris*, 1816, in-8, cartonné à la Bradel. — Histoire de Louis XVI, par Durdent. *Paris*, 1817, in-8, br.

92. Histoire de l'abbaye royale de Saint-Germain-des-Prés, par D. Bouillart. *Paris*, 1724, in-fol., fig., v., dent.

93. Guide de l'étranger à Londres, par Lake. *Paris*, 1826, in-18, v. f. ant., fil.

94. History of England, by Smolett. *Basil*, 1794, 8 vol. in-8, bas.

95. History of emperor Charles V, by Robertson. *Basil*, 1793, 4 vol. in-8, bas.

96. History of America, by Robertson. *Basil*, 1770, 3 vol. in-8, bas.

97. Mœurs, usages et costumes des Othomans, par Castellan. *Paris*, 1812, 6 vol. in-18, fig. color., bas. éc.

98. L'Hindostan, ou religion, mœurs, usages, arts et métiers des Hindous, par P. *Paris*, 1816, 6 vol. in-18, fig. color., bas. éc.

99. Le Japon, ou mœurs, usages et costumes des habitans de cet empire, par Breton. *Paris*, 1818, in-18, fig. color., 4 vol., cart. à la Bradel.

99 *bis.* Le monde maritime, ou tableau de l'Archipel d'Orient, de la Polynésie et de l'Australie, par M. W. *Paris*, 1818, 3 vol. in-18, fig., br.

100. Costume des anciens peuples, par Dandré-Bardon. *Paris*, 1772, 3 vol. in-4, fig., rel. en carton.

101. Recherches sur les costumes, les mœurs, les usages des anciens peuples, par Maillot. *Paris*, 1804, 3 vol. in-4, demi-rel., dos de mar. r., non rognés.

102. Costume of the ancients, by Thomas Hope. *London*, 1812, 2 vol. gr. in-8, br. en carton.

103. Recueil d'antiquités égyptiennes, étrusques, grecques et romaines, (par le comte de Caylus). *Paris*, 1752, in-4, fig., v. éc., fil. *Tom.* 1 *à* 3.

104. Antiquités étrusques, grecques et romaines, gravées par David, avec leurs explications, par d'Hancarville. *Paris*, 1787, 5 vol. in-4, fig. color., v. mar. allem., fil., tr. dor.

105. Les antiquités d'Herculanum, avec leurs explications, par Sylvain Maréchal. *Paris*, *David*, 1781, 7 vol. in-8, fig., v. m.

106. Museum romanum sive thesaurus antiquitatis, Causeo de la Chausse autore. *Romæ*, 1690, in-fol., fig., v. br.

107. Nummophylacium reginæ Christinæ, quod comprehendit numismata ærea imperatorum romanorum, latina, græca atque in coloniis cusa, à P. Santès Bartolo incisa, cum commentario Sig. Havercampi. *Hagæ-Comitum*, 1742, in-fol., fig., v. f., fil.

108. Histoire de l'origine des progrès et de la décadence des sciences dans la Grèce, trad. de l'allem. de Meiners, par Laveaux. *Paris*, an 6, 5 vol. in-8, bas.

109. Histoire de l'art chez les anciens, par Winkelmann, trad. par Jansen. *Paris*, 1802, 3 vol. in-4, fig., cartonn. à la Bradel.

110. Dictionnaire historique, par une société de gens de lettres. *Paris*, *Ménard et Desenne*, 1823, 30 vol. in-8, bas.

111. Images des héros et des grands hommes de l'antiquité, par Canini. *Amst.*, 1731, in-4, v. f., fil., fig. de Bernard Picart.

112. Les hommes illustres de France, par Perrault. *Paris*, 1696, in-fol., fig., v. br.

113. Dictionnaire portatif des dits et faits mémorables. *Paris*, 1768, 2 vol. pet. in-8, bas.

CAHIERS(S) OU FEUILLET(S)

INTERVERTI(S) À LA COUTURE

RÉTABLI(S) À LA PRISE DE VUE

DE LA PAGE 9. À LA PAGE 10

SECONDE PARTIE.

ESTAMPES ET VIGNETTES.

Nota. L'astérisque après le numéro désigne les Estampes encadrées.

BAUDET (ÉTIENNE), *né à Blois en* 1598.

1. Les Quatre Élémens, d'après Albani. 4 pièces.

PESNE (JEAN), *né à Rouen en* 1625.

2*. Testament d'Eudamidas, d'après Poussin.
3*. Les Sacremens, d'après Poussin, anciennes épr., mais sans marge. 7 pièces.

DREVET (PIERRE), *né à Lyon en* 1664.

4. Louis XIV en pied, d'après Rigaud, ancienne épr.

DREVET (PIERRE-IMBERT), *né à Paris en* 1697.

5*. Portrait de Decotte, d'après Rigaud.
6*. Bossuet en pied, d'après Rigaud, épr. sans point.
7. Divers Portraits, dont le Dauphin, Rigaud et sa femme, le duc de Villars, le comte de Toulouse, l'abbesse de Chelles, etc. 14 pièces.

VOLPATO (JEAN), *né à Bassano vers* 1738.

8*. L'École d'Athènes d'après Raphaël.

LE BAS (JACQUES-PHILIPPE), *né à Paris en* 1708, *mort en* 1782.

9. Les Quatre Heures du jour, d'après Berghem, et quatre pièces d'après Teniers, etc. En tout 12 pièces.
10. Les Œuvres de Miséricorde et l'Enfant prodigue, d'après Teniers. 2 pièces.
11. Fêtes de village, d'après Teniers. 4 pièces.
12. Scènes familières et paysages, d'après Teniers. 44 pièc.
13. Les Ports de France, d'après les Tableaux de Joseph Vernet. 16 pièces.

WILLE (JEAN-GEORGE), né à Kœnigsberg en 1715.

14. Les Soins et les Délices maternels, d'après le dessin de son fils, et la Paix ramenant l'Abondance, gr. p. Viel, d'après Mad^e. Le Brun. 3 pièces.

15*. L'Instruction paternelle, d'après Terburg. Le Concert, d'après Schalken. Le Repos de la Vierge, d'après Dietrich. 3 pièces.

WOLLETT ET HALL.

16*. La Mort de Wolff et Thomas Payne en Pensilvanie, d'après West. 2 pièces.

BARTOLOZZI (FRANÇOIS), *né à Florence en* 1728.

17*. Le Massacre des Innocens, d'après Guido Reni; estampe faite par le graveur à l'âge de 82 ans.

MARILLIER ET AUTRES.

18. Figures de Télémaque, 24 épr. avant la lettre, et 39 fig. des Contes de La Fontaine, d'après divers maîtres. En tout 61 pièces.

MOREAU (JEAN-MICHEL), *né à Paris en* 1741.

19. Vignettes pour les œuvres de Voltaire (*édition de Beaumarchais*). 109 pièces.

20. Vignettes et Portraits pour les œuvres de Voltaire (*édition de Renouard*). 140 pièces.

21. Vignettes pour les œuvres de Voltaire (*édition de Renouard*), épr. avant la lettre. 16 pièces.

22. Vignettes pour les œuvres de Molière (*édition de Renouard*), épr. avant la lettre. 19 pièces.

23. Vignettes pour les œuvres de Rousseau, Florian, Gresset, etc. 83 pièces.

24. Vignettes pour les œuvres de Gresset, Boileau, les fabliaux, La Fontaine, etc., épr. avant la lettre. 72 pièces. *Ce lot sera divisé.*

25. Vignettes pour le Nouveau-Testament, l'Histoire de France, la Henriade, les Œuvres de Regnard, le Musée français, etc. 110 pièces. *Ce lot sera divisé.*

26. Vignettes pour divers ouvrages. 24 pièces.

GODEFROY (JEAN), *né à Londres vers* 1768?

27*. Ossian, d'après Gérard.

GIRARDET (ABRAHAM), *né à Neuchâtel vers* 1771.

28. Vignettes pour les œuvres de Boileau in-folio. 9 pièces.

29. Trois Vignettes pour le poëme de la Peinture de Girodet, gr. par Bein, Dupont et Müller, très-belles ép. av. la lettre et sur pap. de la Chine. *Ces gravures sont inédites.*

GIRODET ET GÉRARD.

30. Vignettes diverses. 18 pièces.

DESNOYERS (AUGUSTE-BOUCHER), *né à Paris vers* 1780?

31. Les Pénibles Adieux, d'après Hilaire Ledru.

RAIMBACH (ABRAHAM), *né en Suisse vers* 1775?

32. Le Colin-Maillard, d'après Wilkie, épr. avec la lettre tracée, sur pap. de Chine, avec la signature du graveur.
33. The Errand Boy, d'après Wilkie, et une vignette de la Dame du Lac, épr. avec la lettre tracée, sur pap. de Chine, signées toutes deux par M. Raimbach.

LAUGIER (J.-N.), *né à Toulon en* 1785.

34. Galatée, d'après Girodet, épr. avec la lettre tracée et sur pap. de Chine.
35. Léonidas, d'après David, épr. avec la lettre tracée, sur pap. de Chine.
36*. Daphnis et Chloé, d'après Hersent, épr. avant la lettre.
37*. Sapho sur le rocher de Leucate, d'après Gros, épr. avant la lettre, sur pap. de Chine.
38*. Mort de Léandre, d'après Delorme, épr. avant la lettre, sur pap. de Chine.
39*. Portrait de madame de Staël, d'après Gérard, ép. avant la lettre.
39 *bis*. Portrait d'Hyppolite de Médicis, cardinal d'Est, d'après Titien, et celui de Broussais, grav. par Bonvoisin, tous deux épr. avant la lettre et sur pap. de Chine.

LIGNON (ÉTIENNE-FRÉDÉRIC), *né à Paris en* 1785.

40. La Vierge au poisson, d'après Raphaël, épr. avant la lett.
41. Portraits de Talma et de mademoiselle Mars; ce dernier sur pap. de Chine. 2 pièces.
42*. Portrait de mademoiselle Mars, d'après Gérard.
43*. Portraits du duc et de la duchesse d'Orléans, d'après Gérard; le portrait de la duchesse est avant toutes lettres.

RIBAULT et autres.

44. Les Six Heures du Jour et les Six Heures de la Nuit, d'après les peintures à fresque de Raphaël d'Urbain.

LAURENT (HENRI), *né à Paris, vers* 1790, et autres.

45.* La Messe de saint Bruno, d'après Le Sueur, épr. avec la signature du graveur.

46. La Communion de saint Jérôme, d'après Dominicain; un Repos en Egypte, par Müller, et une Cuisinière d'après Gérard Dow, par Geraud. Ces trois pièces pour le musée Laurent, épr. avant la lettre, les deux dernières, sur papier de Chine.

RICHOMME (JOSEPH-THÉODORE), *né à Paris, en* 1785.

47.* Galathée, d'après Raphaël.

48.* Les cinq Saints, d'après Raphaël, épr. avant la lettre.

VERNET (HORACE), *né à Paris, vers* 1790.

49. Douze Vignettes pour les œuvres de Molière.

50. Vignettes pour le roman de don Quichote. 11 p.

DESENNE (ALEXANDRE-JOSEPH), *né à Paris, le* 1er *janvier* 1785, *mort à Paris, le* 30 *janvier* 1827.

DESSINS.

51. Vignettes plus ou moins terminées, lavées à la sépia. 22 pièces.

52. Compositions, ou Tableaux des maîtres anciens, dessinées au pinceau et plus ou moins terminées. 7 pièces.

53. Divers Paysages et Vignettes non terminés. 7 pièces.

54. Etudes et Esquisses peintes de figure, et compositions diverses. 15 pièces.

55. Etudes et croquis au crayon.

LITHOGRAPHIES.

56. Album lithographique. Paris, Giraldon-Bovinet, 12 pièces, 4 exempl. *Cet article sera divisé.*

57. Vignettes et Sujets variés en lithographies. 20 pièces.

GRAVURES.

58. L'Amour et Zéphir, grand in-4, publié par Blaisot, et gravé par Jehotte et Prudhomme; deux exemplaires, pap. de Chine, un pap. vél. avant la lettre. *Cet article sera divisé.*

VIGNETTES.

59. Figures pour les œuvres de Boileau, in-8, édition de Lefèvre, 6 vignettes et 1 portrait, épreuves avant la lettre et sur pap. de Chine.
60. *Idem.* Il se trouve des épreuves avec la lettre.
61. Figures pour les œuvres de Racine, in-18, 12 vignettes et 1 portrait, gravés par Girardet; eau-forte sur pap. ord. et fini pap. de Chine.
62. Figures pour les œuvres de Molière, in-8, édition de Lefèvre, 18 vignettes, épr. avant la lettre et sur pap. de Chine.
63. *Idem.* 18 pièces sur papier de Chine.
64. *Idem*, 19 pièces, dont 1 sur pap. vélin.
65. Vignettes pour les œuvres de Molière, édit. de Lefèvre, épreuv. à l'eau-forte. Il manque 2 vignettes. 16 pièces.
66. Trente-six Vignettes, dont 11 pour Molière, in-8. Quelques-unes doubles. En tout 32 pièces.
67. Vignettes diverses, dont plusieurs pour Molière, in-8. En tout 21 pièces.
68. Vignettes diverses, dont plusieurs pour Molière, in-8. 29 pièces.
69. Vignettes diverses, dont plusieurs pour Molière, in-8. 30 pièces.
70. Figures pour les œuvres de Molière, édit. in-18 de Ménard et Desenne, épr. sur pap. de Chine. 21 pièces.
71. Les mêmes, pap. vél. 21 pièces.
72 Collection de Figures pour les œuvres de Voltaire, 70 vignettes et 10 portraits sur pap. de Chine, plus les eaux-fortes de cette collection. En tout 160 pièces.
73. La même collection sur papier de Chine. 80 pièces.
74. Les Portraits de cette collection, pap. vél. 10 pièces.
75. Vignettes détachées de cette même collection. 34 pièces. *Cet article sera divisé.*
76. Figures pour les œuvres de J.-J. Rousseau, in-8, édit. de Lefèvre, 10 vignettes, épr. sur pap. vélin.
77. Figures pour les œuvres de Gilbert, in-8, 4 vignettes et 4 pour le roman du Renard. 8 pièces.
78. Figures pour le roman de Gil-Blas, édition de Lefèvre, 7 vignettes in-8, et 2 sur pap. vél.
79. Figures pour les œuvres de Beaumarchais (*Roux-Dufort*, in-32), Lettres à Emilie et autres. 14 pièces.
80. Figures pour les œuvres de Bernardin de Saint-Pierre

(*Méquignon-Marvis*), *in-8, tiré sur in-fol.*, 7 vignettes, et Paul et Virginie, grav. à Londres, 4 vignettes et un cul-de-lampe. En tout 12 pièces sur pap. vél.

81. Figures pour Paul et Virginie (*Méquignon-Marvis*), in-8, 4 vign. et 1 cul-de-lampe, gravés à Londres; poésies de madame Dufresnoy, in-8, 1 portrait, 2 vignettes et un cul-de-lampe. En tout 9 pièces, sur pap. de Chine.

82. *Idem.* Le portrait sur pap. vélin. 9 pièces.

83. *Idem.* Papier vélin. 9 pièces.

84. Figures pour Paul et Virginie (*Janet, in-18*), 5 vign., et pour les poésies de Lamartine, 9 vign. in-32 et un portrait. En tout 15 pièces sur pap. de Chine.

85. *Idem.* 15 pièces, dont une sur pap. vélin.

86. Figures pour les œuvres complètes de Florian (*édition de Renouard, in-18*), 80 vignettes, épr. sur pap. vélin.

87. Figures pour divers ouvrages de Florian (*édition de Renouard*), savoir: 4 pour la Galatée, épr. sur pap. de Chine, les autres sur pap. vélin; 4 pour les Mélanges, 4 pour Estelle, 2 pour Guillaume-Tell, 2 pour Eliézer, 4 pour la Jeunesse de Florian, et 8 pour le Théâtre. En tout 28 pièces.

88. Figures détachées pour les œuvres de Florian, in-18. 54 pièces.

89. Figures pour les Lettres à Emilie (*Froment*, in-32), 3 vign. Lettres à Emilie (*Roux-Dufort*, in-32), 3 vign. et 3 culs-de-lampe; Lettres à Sophie (*Gosselin*, in-32), 4 vign. En tout 10 pièces, épr. avant la lettre, pap. de Chine.

90. *Idem*, etc. 10 pièces, dont 8 sur pap. de Chine.

91. *Idem*, etc. 17 pièces, dont 2 sur pap. de Chine.

92. Figures pour le roman du Renard (*Treuttel et Wurtz, in-8*), 4 vign.; Nouvelles de Cervantes, 6 vign. in-8. 10 pièces, pap. de Chine.

93. *Idem.* Incomplet. 9 pièces, sur pap. de Chine.

94. *Idem.* Incomplet. 8 pièces, sur pap. de Chine.

95. Figures pour les œuvres de Delille, 3 vign. grav. sur cuivre, et 16 culs-de-lampe gravés sur bois par Thompson, de Londres, épreuves sur pap. de Chine. En tout 19 pièces.

96. Figures pour les œuvres de Delille, 3 vignettes in-8; Gilbert, 4 vign. in-8. En tout 14 pièces.

97. Figures pour les poésies de Lamartine (*Gosselin, in-8*), 3 vign. (*Gosselin*, in-32), 9 vign. et 1 portrait. En tout 14 pièces, épr. avant la lettre et sur pap. de Chine.

98. Trois Figures pour les méditations de Lamartine (*Gosselin, in*-8), 6 vignettes et un portrait gravés à Londres pour l'édition in-8; plus 4 vignettes pour les œuvres de Gilbert, épr. sur papier vélin. En tout 14 pièces.
99. Figures pour les méditations de Lamartine (*Gosselin, in*-8), sur pap. vélin et autres. En tout 14 pièces.
100. Figures pour les Oraisons funèbres, in-8, 6 vignettes, dont 4 pap. de Chine.
101. Heures à la reine Blanche; Poésies de Lamartine et Oraisons funèbres. En tout 14 pièces.
102. Figures pour le Mérite des Femmes, 5 vignettes et 1 cul de-lampe sur pap. de Chine.
103. Figures pour les romans de Walter Scott, in-8, 44 vign., épr. avant la lettre et sur pap. de Chine.
104. *Idem.* 43 Figures seulement, dont 11 sur papier de Chine.
105. *Idem.* 40 Figures seulement, dont 34 sur papier de Chine.
106. *Idem.* 35 Figures seulement, dont 20 sur papier de Chine.
107. *Idem.* 27 Figures seulement, dont 8 sur papier de Chine.
108. Figures détachées pour Walter Scott, in-8. 41 pièces.
109. Figures pour les romans de Walter Scott (*édition de Sautelet, in*-18), 10 vign., épr. avant la lettre, sur pap. de Chine.
110. *Idem.* Epreuves sur papier vélin.
111. Figures pour les œuvres de M. de Jouy, savoir:

L'Ermite en Province. 11 pièces.
L'Ermite de la Guiane. 6 pièces.
L'Ermite en Italie, 4 pièces sur pap. de Chine.
L'Ermite à Londres. 3 pièces.
Le Bonhomme. 2 pièces sur pap. de Chine.
Le Franc parleur, 2 vignettes seulement.
6 vignettes inédites. En tout 44 pièces.

112. L'Ermite à Londres, 3 vignettes; l'Ermite en Italie, 14 vignettes; plusieurs romans publiés par Werdet; vign. pour Boileau, in-8, etc. En tout 21 pièces.
113. Figures détachées pour les œuvres de M. de Jouy, et autres ouvrages. 48 pièces. *Ce lot sera divisé.*
114. Figures pour divers romans, publiés par Werdet, savoir:

Myladi Catesby 1 pièce. — Diable boiteux 2. — Mistriss Buttler 1. — Mémoires de Grammont 2. — Manon Lescaut 2. — Dot de Suzette 1. — Princesse de Clèves 2. — Lettres d'une Péruvienne 1. — Zayde 2. — Gil-Blas 2. En tout 16 pièces, ép. avant la lettre et sur pap. de Chine. En tout 16 pièces.

114*bis*. *Idem*. 16 pièces.
115. Les mêmes romans, moins Zayde. 14 pièces, sur divers papiers.
116. *Idem*. 14 pièces.
117. Figures détachées pour les mêmes romans et autres. 20 pièces.
118. Vignettes pour divers ouvrages, 58 pièces. *Ce lot sera divisé.*
119. *Idem*. 72 pièces. *Ce lot sera divisé.*
120. *Idem*. 20 pièces.
121. *Idem*. 28 pièces.
122. Partie des mêmes Vignettes à divers nombres. 60 pièces. *Ce lot sera divisé.*
123. Vignettes diverses, quelques-unes sont doubles. 72 pièces.
124. Eaux-fortes de plusieurs Vignettes, pour les œuvres de

Racine	3 pièces.
Molière	12
Gil-Blas	5
Florian	3
Walter Scott	3
Oraisons funèbres	6
Cervantes	7
Les Ermites	12
Boileau	9
J.-J. Rousseau	12
Diverses	180
	310

125. Collection de portraits en pied, publiés par Janet. 36 pièces.
126. Portraits en pied de la collection Janet. 29 pièces. *Ce lot sera divisé.*
127. *Idem*. 11 pièces.
128. Portraits d'Agnès Sorel, trois Molière, Parny et Lamartine. 6 pièces.
129. Les mêmes portraits. 6 pièces.
130. Divers portraits en pied, et autres. 15 pièces.
131. Les mêmes portraits en nombres différens. 34 pièces.
132. Figures de Saints et Saintes à nombres différens. 50 pièces.

133. Culs-de-lampe représentant des vues et scènes d'Italie. 9 pièces.
134. Vues diverses à nombres différens. 20 pièces.
135. Culs-de-lampe pour différens ouvrages et à divers nombre. 59 pièces.
136. Vignettes diverses et eaux-fortes. 26 pièces.

DEVERIA (ACHILLE), *né à Paris, vers* 1800.

137. Vignettes pour les œuvres de Rabelais, épr. avant la lettre. 6 pièces.
138. Suite de Vignettes, dont 9 pour les œuvres de Votaire, épr. avant la lettre. En tout 17 pièces.
139. 16 Vignettes pour les œuvres de J.-J. Rousseau et le portrait de madame de Warens, épr. avant la lettre. En tout 18 pièces.
140. Vignettes pour la Bibliothèque française. 21 pièces.
141. Vignettes et culs-de-lampe pour les Ermites de M. de Jouy, et autres ouvrages. 25 pièces.
142. Vignettes pour Napoléon et ses contemporains, épr. avant la lettre et sur pap. de Chine. 6 pièces.
143. Vignettes pour différens sujets, épr. avant la lettre et sur pap. de Chine. 26 pièces.
144. Vignettes détachées, épr. avant la lettre et sur pap. de Chine. 19 pièces.
145. Portraits pour les Lettres de madame de Sévigné, épr. avant la lettre et sur pap. de Chine. 13 pièces.
146. Portraits pour la Bibliothèque dramatique publiée par madame Dabo, dont Mlle Raucourt, Mlle Duchesnois, Florian, Mlle Bourgoin, Molé, Picard, Fabre d'Eglantine, Mlle Mars, Collin d'Harleville, etc., épr. avant la lettre et sur pap. de Chine. 27 pièc. *Ce lot sera divisé.*
147. Portraits en pied, de grandeur in-8 (*pour la suite de Janet*), etc., épr. avant la lettre et sur pap. de Chine. 15 pièces.
148. Douze Portraits, dont Montesquieu, Molière, Byron, etc., épr. avant la lettre et sur pap. de Chine.
149. Douze Portraits, dont Corneille, Molière, Racine, madame de Sévigné, etc.
150. Figures de Saints et Saintes, épr. avant la lettre et sur pap. de Chine. 5 pièces.

MULLER (H. CH.).

151. Portrait de Henri IV, frontispice de la Henriade,

d'après Gérard ; Sélim III, frontispice des grandes vues du Bosphore, et le portrait de Camille-Jordan, épr. avant la lettre. Ce dernier sur papier de Chine. 3 pièces.

152*. Un Paysage, d'ap. Gaspard Poussin, ép. avant la lettre.

JAZET.

153* Les Adieux de Fontainebleau.

TEXIER (Victor).

154. Figures de Saints et Saintes, plusieurs doubles. 27 pièces.

ADAM (Pierre).

155. Louis XVI faisant l'aumône, d'après Hersent, épreuve avant la lettre, sur pap. de Chine et eau forte. 2 pièces.

156*. Mort de Las Casas, d'après Hersent, ép. avant la lettre.

GELÉE et ADAM.

157. Daphnis, d'après Hersent, épr. avant toute lettre avec la signature du graveur, et deux Bergers de Virgile, d'après Steube, par Adam, épr. avant la lettre et sur pap. de Chine.

ROGER (Barthélemy), né à Lodèves en 1770.

158*. L'Innocence entraînée par l'Amour, d'après Prud'hon, épr. avant la lettre.

159. Grande vignette allégorique, représentant Minerve et Mercure tirant le Mexique de ses ruines ; Ali-Pacha dans une barque, d'après Dupré, épr. avant la lettre et sur pap. de Chine. 3 pièces.

LEFÈVRE (Marie-Sébastien), *né à Paris le 16 fév.* 1800.

160. Le Roi de Rome, d'après Prud'hon, épr. avant la lettre et sur pap. de Chine.

LEFÈVRE (Achille-Désiré), *né à Paris le* 18 *août* 1798.

161. Portraits de Bonaparte, d'après Steube, et le général Foy, d'après Horace Vernet, épr. avant la lettre et sur pap. de Chine.

FORSTER, *né en Suisse, vers* 1790.

162. Aurore et Céphale, d'après Guérin, épr. avec la lettre tracée.

VIBERT ( ).

163. Une Femme jouant de la basse, d'après Gaspard Netcher, épr. avant toute lettre, sur pap. de Chine.

BEIN (J.).

164. Une Nymphe au bain, d'après Lancrenon, épr. sur pap. de Chine, avant toute lettre.

165. Le Mariage de la Vierge, d'après Vanloo, une épr. avant toute lettre et sur pap. de la Chine, et deux eaux-fortes. 3 pièces.

CHOLLET (Antoine-Joseph-Paris).

166. La Loterie et le petit Ramoneur, d'après Roëhn, épr. avant la lettre et une à l'eau-forte. 3 pièces.

FORTIER (Claude), *né à Paris le* 10 *avril* 1775.

167. Forêt vierge, d'après M. de Clarac, épr. sur pap. de Chine, lettre tracée et une épr. à l'eau-forte.

DUPONT (H), *né à Paris, vers* 1790?

168*. Portrait de..., d'après Van Dyck, épr. avant la lettre, sur pap. de Chine.

169. Entrée de Henri IV dans Paris, d'après Gérard, vign., pour la Henriade in-4°, 8 épr. plus ou moins avancées.

BLANCHARD ( ).

170. Daphnis et Chloé jouant de la flûte, d'après Albrier épr. avant la lettre, sur pap. de Chine.

LE ROUX (Jean-Marie), *né à Paris* 6 *janvier* 1788.

171. Portrait de......, d'après Raphaël; la Madelaine, d'après Gennary, et un Paysage, 3 épr. avant toutes lettres et sur pap. de Chine, du Musée royal, publié par Laurent.

DELAISTRE (Louis-Jean-Désiré).

172. Pyrrhus sauvé, d'après Coignet; un portrait de Tintoret, etc., épr. avant la lettre. 3 pièces.

MIGNERET ( ).

173. Molière mourant, d'après Vafflard, et Molière avec sa servante, d'après H. Vernet, épr. avec la lettre et eau-forte; l'Aumône, d'après......., épr. avant la lettre. 4 pièces.

CARON (TOUSSAINT).

174. La Famille malheureuse, d'après Prud'hon, épr. avant la lettre.

CARON (ADOLPHE).

175*. Deux Statues du Musée Laurent, épr. avant toutes lettres.

JOHANNOT (ALFRED) ET AUTRES.

176. Des Orphelins au tombeau de leur mère, d'après Schœffer; Ourika, d'après Gérard, etc., épr. avant la lettre et sur pap. de Chine. 4 pièces.

JOHANNOT ET LECOMTE.

177*. Le Chien du régiment et le Cheval du trompette, d'après Horace Vernet, épr. avant la lettre. 2 pièces.

LE COMTE ET AUTRES.

178. La Vierge et l'Enfant Jésus, d'après Francia, épr. avant la lettre, pap. de Chine, et deux autres pièces.

DEVILLIERS ET AUTRES.

179. Plusieurs Paysages et Vignettes pour les œuvres de Delille, par Devilliers, etc., épr. avant la lettre. 8 pièces.

PRÔT.

180. Sujets de l'Histoire de l'Amour, d'après Rullmann, grav. au pointillé. 6 pièces.

BERTRAND.

181. Études tirées du tableau des Sabines, d'après David, 12 pièces, dont 9 sont encadrées.

182. Têtes d'études gravées dans le genre du crayon, par Bertrand, dont 3 d'après Gérard, une d'après le Léonidas de David, et 3 du *Spasimo*, de Raphaël. 7 pièces, dont 4 encadrées.

183. Principes élémentaires de dessin, épr. avant la lettre. 37 pièces.

184. Études gravées par Bertrand, Girard et autres. 26 pièces.

EAUX-FORTES.

185. Eaux-fortes de divers Paysages, par Fortier, Desaulx, Müller, etc. 8 pièces.

186. Eaux-fortes de divers Tableaux, dont Moïse sauvé, par Laurent, d'après Poussin; la Maladie de Las Casas, par Adam, d'après Hersent; une bataille, par Adam, d'après Langlois; Pierre-le-Grand, par Mignéret, d'après

Steube; Ariosto, par Ruhiere, d'après Mauzaisse. 12 pièces.

187\. Eaux-fortes par des graveurs modernes. 16 pièces.

VIGNETTES

Par divers Graveurs anglais.

WESTALL (RICHARD).

188\. Vignettes pour Paul et Virginie, Elisabeth, différentes figures allégoriques, etc. 28 pièces.

STOTHARD (T.)

189\. Plusieurs vignettes, la plupart avant la lettre et sur pap. de Chine. 12 pièces.

SMIRKE (ROBERT).

190\. Vignettes pour Shakespeare. 34 pièces.

191\. Vignettes pour Gil Blas; manque la pl. 20. 23 pièces.

BIRD (E.).

192\. Vignettes pour une Bible, épr. avant la lettre et sur pap. de Chine. 8 pièces.

193\. Vignettes par divers graveurs. 34 pièces.

194\. Vignettes, fleurons et culs-de-lampe, gravés sur bois par Nesbit, Thompson et autres, pour divers ouvrages. 74 pièc.

195\. Portraits de Shakespeare, Cromwell, Marie Stuart, etc., par Waren et autres. 9 pièces.

196\. Monumens divers tirés du *Topographical antiquary*. 27 pièces.

197\. Plusieurs Paysages et sujets divers, gravés par Ashby, Waren, Domy, etc. 12 pièces.

VIGNETTES

Par divers Maîtres français.

198\. Vignettes pour le Camoëns (*édition de M. de Souza*), épr. avant la lettre et partie sur pap. de Chine; il manque une planche et il se trouve deux eaux-fort. 11 p.

199\. Vignettes pour les œuvres de Bernardin de Saint-Pierre, d'après Moreau et autres, épr. avant la lettre, sur pap. vélin in-folio. 8 pièces.

200. Vignettes d'après Hersent, Bouillon, Waflard, Fragonard, etc. 14 pièces.
201. Vignettes d'après Collin, Albrier, Chasselat, etc., dont les quatre Évangélistes, gravés par Lignon et Bein, etc. En tout 21 pièces. *Ce lot sera divisé.*
202. Napoléon et ses Contemporains, d'après Charlet, Steube et autres; 11 vignettes, pap. de Chine.
203. Vignettes gr. in-8, pour la Vie de Bonaparte, etc. 10 pièc.
204. Vignettes diverses. 29 pièces.
205. Vignettes diverses. 41 pièces.
206. Vignettes diverses pour des éditions modernes, par Adam, Leroux et autres, épr. avant la lettre et la plupart sur pap. de Chine. 36 pièces.
207. Vignettes diverses pour différentes éditions modernes, grav. par Müller, Godefroy et autres. 47 pièces.
208. Vignettes pour Virgile, Milton, Molière, Racine, d'après Boucher, Barbier, etc. 72 pièces.
209. Un lot de Vignettes et d'Estampes. 146 pièces.

ESTAMPES ANCIENNES

Par divers maîtres.

210. Estampes d'après divers maîtres anciens, dont Raphaël, Poussin et autres. 35 pièces.
211. Recueil de gravures, dont plusieurs d'Abraham Bosse, des Etudes d'animaux d'après Desportes, etc. 102 pièces collées dans un volume.
212. Charles Ier et sa famille, par Massard, la Liseuse et la Dévideuse, par Wille; Vénus et l'Amour, par Porporati, etc. 5 pièces.
213. Diverses compositions d'après des tableaux de grands maîtres pour orner les Almanachs de *Janet et autres*, épr. avant la lettre, la plupart sur pap. de Chine. 30 pièc.
214. Gravures d'après des tableaux de grands maîtres pour *Filhol, Noël*, quelques Almanachs de Janet et autres. 29 pièces.
215. Etudes de Figures pour les grands prix de gravures en taille-douce, et quelques planches tirées de l'*Iconographie grecque et romaine.* 12 pièces.
216. Paysages et culs-de-lampe, la plupart avant la lettre et sur pap. de Chine. 16 pièces.

217. Un lot de divers Costumes, Etudes d'animaux, Architure, etc. 80 pièces.
218. Diverses Vues du voyage dans le Levant, par M. le comte de Forbin. 21 pièces.
219. Vues topographiques de divers pays. 41 pièces.
220. Un lot de Lithographies, dont le portrait de Joconde, Hébé et Léda. 50 pièces.
221. Etudes d'arbres, et sujets pour Paul et Virginie, etc. 42 pièces.

PORTRAITS.

222. Portraits divers, dont Mazarin et Lotin, par Nanteuil; Le Nôtre, par Masson, et 5 d'après Van Dyck. 7 pièces.
223. Portraits divers, dont le cardinal de Polignac, la duchesse d'Orléans, Louis XV, Molière, Mlle Duclos, etc. 40 pièces.
224. Portraits de Delille, par Young; Diderot et d'Alembert, par Henriquez; Fleury, par Migneret, et Mlle Bourgoin, par Bertonnier, etc. 23 pièces.
225. Portraits de Gustave Vasa, par Adam; deux François Ier, par Leroux et Wedgwood; Henri IV, par Gerault; Marie Stuart, par Bonvoisin; Montaigne, par Dupont; Descartes, par Bertonnier; Pétrarque, par Müller, épr. avant la lettre, plusieurs sur pap. de Chine. 26 pièces.
226. Double de plusieurs de ces portraits. 9 pièces.
227. Portraits de Louis XIV et du prince de Condé, par Al. Massard; la Rochefoucauld, par Bertonnier; Catinat, par Leroux, épr. avant la lettre, plusieurs sur pap. de Chine. 12 pièces.
228. Bossuet, par Leroux et Dequevauvillier; trois Fénélon, par Jehotte, Leroux, Al. Massard; Massillon, par Lignon; Pascal, par Leroux, etc., épr. avant la lettre, plusieurs sur pap. de Chine. 14 pièces.
229. Corneille, par Dequevauvillier et Bertonnier; Boileau, par Lignon, 2 épreuves, dont une sur pap. de Chine; Boileau et La Fontaine, par Massard; Quinault, par Bonvoisin, etc. 12 pièces avant la lettre.
230. Portraits doubles des trois articles précédens. 20 pièces. *Cet article sera divisé.*
231. Catherine II, Francklin, Vertot et Diderot, par Bertonnier; J.-J. Rousseau, par Leroux; Buffon, par Al.

Massard ; Grétry, par Adam, etc., ép. avant la lettre, plusieurs sur pap. de Chine. 16 pièces.

232. Louis XVI, par Wedgwood ; Marie-Antoinette, par Bonvoisin ; Louis XVIII, par Bertonnier ; Necker et madame de Staël, par Müller ; Mirabeau et le duc d'Orléans, par Al. Massard ; Wellington, par Mécou, plusieurs avant la lettre et sur pap. de Chine. 11 pièces.

233. Bernardin de Saint-Pierre, par Lignon ; Delille et Napoléon, par Potrelle ; Béclard, David et Lacépède, par Leroux ; Byron et deux autres personnages anglais, par Wedwood et Waren, épr. avant la lettre et sur pap. de Chine. 24 pièces.

234. Portraits de Napoléon, par Laugier, d'après Steube ; lord Byron, par Wedwood ; Galilée en prison, d'après Laurent, par Chollet ; et David, par Potrelle, les trois premiers avant la lettre, et 2 sur papier de Chine. 4 pièces.

235. Portraits de madame Elisabeth, par Bertonnier ; madame la duchesse de Berry, par Vallot, et deux vignettes, toutes épreuves avant la lettre et sur pap. de Chine. 4 pièces.

236. Portraits de Bartolini, par Potrelle ; Sélim III, par Ortman, Coupé, etc., la plupart avant la lettre. 26 pièces.

237. Portraits destinés à orner des éditions modernes, dont madame Staël, Montesquieu, Marmontel, Rulhières, Voltaire, Camoëns et autres, par Müller, Roger, Leroux, Adam, etc., épr. avant la lettre. 23 pièces.

238*. Deux Portraits de Raphaël, l'un par Potrelle et l'autre par Dien.

239. Un lot de Portraits. 58 pièces.

240. Divers Portraits doubles. 12 pièces.

OUVRAGES DIVERS.

241. Musée des Antiques, dessiné et gravé par Bouillon. (Les 33 premières livraisons.)

242. Souvenirs du Musée des Monumens français, par Biot. (10 livraisons.)

243. Compositions pour l'Enéide lithographiées, par Mendoze d'après L. Ademollo. 30 pièces.

244. *Fac simile* de dessins extraits des livres de croquis de Gericault. 20 pièces en lithographie.

245. Recueil de petites Marines, par Baugean, 4 livr. in-4 oblong.
246. Thurston's illustrations of Shakespeare's dramas, 1 vol. grand in-8, cartonné, publié à Londres chez Thomas Tegg. 49 pièces sur pap. de Chine.
247. Vues de Provins. 3 cahiers; lithographie et texte.
248. Collection des principales vues des Pays-Bas. 10 livraisons, manque le n° 8.

OBJETS DIVERS.

249. Portefeuilles, Passe-partout, etc.
250. Bosses et objets d'arts. *Cet article sera divisé.*
251*. Le Tibre (statue antique), épr. avant la lettre.
252*. Daphnis, d'après Gérard, gravé par Copia, épreuve avant la lettre.
253. Les objets qui peuvent avoir été omis dans le présent catalogue seront vendus sous ce numéro.

A. HENRY, Imprimeur, rue Gît-le-Cœur, n° 8.

www.ingramcontent.com/pod-product-compliance
Ingram Content Group UK Ltd.
Pitfield, Milton Keynes, MK11 3LW, UK
UKHW032025260826
14628UKWH00006B/2737

9 782019 144241